CORPS LÉGISLATIF.

CONSEIL DES CINQ-CENTS.

SYSTÈME
DE CONTRIBUTION
FACULTATIVE ET INDUSTRIELLE,

Présenté par **PONS** (de Verdun),

Au nom des citoyens IMBERT et FÉRA.

> « Toute contribution est établie pour l'utilité générale ;
> elle doit être répartie entre les contribuables, en raison de
> leurs facultés. »
> (ART. XVI de la Déclaration des droits de l'homme
> et du citoyen.)

REPRÉSENTANS DU PEUPLE,

LA République française est une grande famille qui, ne pouvant s'administrer elle-même, délègue ses pouvoirs à des hommes choisis, qu'elle charge de la formation et de l'exécution de la loi, à l'effet d'assurer sa subsistance, de défendre ses propriétés, d'affermir sa puissance.

Le concours de l'autorité législative et de la puissance exécutrice atteint ce triple but; l'une fait des lois, l'autre les exécute, et la République fleurit.

Mais cette splendeur politique, cette vigueur sociale seroient bientôt atténuées, *si chaque membre de la grande famille ne rapportoit au centre de l'autorité commune le contingent de ses facultés et de son industrie.*

Cette réunion de moyens, dont l'importance est généralement sentie, fait la force des gouvernemens; elle peut seule affermir la puissance de la République.

Vous le savez, *citoyens législateurs*, l'impôt est le véhicule, le nerf de l'administration : sans impôt, point de force, point de puissance, point de considération politique; chaque membre de la société s'isole; l'égoïsme domine; plus d'esprit public; l'intérêt général est méconnu; l'ordre est renversé; l'anarchie ou le despotisme triomphent : il n'y a plus de gouvernement, par conséquent plus de sureté pour les personnes ni pour les propriétés.

Il faut donc des impôts pour établir et consolider un gouvernement.

Mais ces impôts ne doivent pas être tellement onéreux, tellement multipliés, qu'ils aient un caractère de vexation et de spoliation : ils doivent au contraire se présenter au peuple sous la forme d'un (1) *contingent de facultés et d'industrie* qui soit à-la-fois *le plus simple dans son assiette, le plus juste dans sa répartition, le plus attrayant dans sa perception, et le plus fécond dans ses produits.*

Tel est, *représentans du peuple*, le système de contribution que nous venons soumettre à la sagesse du Corps législatif, sous la dénomination de *contribution facultative et industrielle,* dont les résultats nous ont paru seuls propres à alimenter le trésor public, et à assurer le bonheur commun, c'est-à-dire, la prospérité nationale.

Il ne faut pas se le dissimuler, l'intérêt est la pierre où vont se briser les vertus sociales. La multiplicité des impôts réclamés jusqu'ici par les besoins de l'Etat, ceux que les circonstances peuvent nécessiter encore, froisseront violemment les intérêts particuliers, et rappelleront peut-être aux contribuables ce régime exacteur de droits

---

(1) *Le contingent* est la portion du tribut de chaque individu.
Les facultés sont tout ce qu'il possède.
L'industrie est tout ce qu'il sait, dit et fait.
De là la *contribution facultative et industrielle,* qui, comme on voit, peut, dans sa définition, comprendre *la contribution personnelle* indiquée par la constitution.

ténébreux que le peuple a vu s'évanouir dès l'aurore de la liberté naissante, et qu'il croit incompatibles avec un gouvernement républicain.

Il n'échappera donc point au Corps législatif qu'il importe infiniment à l'affermissement du régime populaire, de soustraire l'opinion publique au souvenir pénible de toutes les exactions fiscales, qui faisoient jadis son tourment, et qu'elle a solemnellement répudiées.

Nous nous devons tous sans doute à la patrie ; nous nous devons à sa défense ; nous devons à sa splendeur le tribut de nos facultés et de notre industrie. Mais consultons le génie national : il se compose d'une vivacité, d'une ardeur qu'on peut appeler *caractéristiques*. Tout agrément, même illusoire, est l'aliment du Français ; l'idée seule de la violence le révolte ou le comprime, et le rend presque toujours égoïste en matière d'intérêt.

Etablissons des impôts, à la bonne heure ; mais généralisons ce devoir social ; soumettons-le *au niveau de l'égalité* ; et *faisons chérir sa nécessité* : demandons au riche, non le cinquième, mais le dixième de ses propriétés ; demandons à la classe laborieuse le dixième de son industrie, et recevons du pauvre, pour son droit de cité, ce qu'on appelle *le denier de la veuve* ; mais n'oublions jamais que les uns et les autres sont *Français*, et que l'espoir seul d'un dédommagement éventuel est pour eux l'antidote d'une gêne momentanée.

En deux mots, présentons au génie national le devoir, la nécessité de payer, non un impôt (1), dont la dénomination seule rappelle l'esclavage, mais la contribution que doit fournir chaque membre de la société aux besoins du gouvernement qui le défend.

En conséquence, *égalité* dans la répartition, *simplicité*, *économie* dans la perception, et sur-tout, *la certitude morale*, pour chaque contribuable, d'une prime d'encouragement : il n'en faut pas davantage aux yeux de quiconque connoîtra le caractère français pour exciter de zèle des contribuables, à la vue d'un mode d'imposition qui se présente sous l'aspect d'une égalité raisonnée, avec un caractère de popularité réfléchie, et comme une institution républicaine entièrement dégagée de la forme hideuse de ces impôts incompatibles avec la douceur d'un gouvernement libre.

Tels sont, *citoyens législateurs*, les élémens dont se compose *la contribution facultative et industrielle*.

---

(1) *Impôt* présente l'idée d'un fardeau sous lequel un homme plie, par lequel il est écrasé.

Contribution offre l'idée du tribut que chaque membre de la société doit rapporter au centre.

Sa répartition a l'*égalité* pour base, car elle est établie en proportion des *facultés quelconques* et de l'*industrie individuelle*.

Sa perception sera extrêmement *simple*, *facile*, *économique*, si son action et ses divers mouvemens sont dirigés avec ordre, méthode et sûreté.

Elle offrira enfin à chaque contribuable *l'appât séduisant d'une prime*, dont la moindre chance peut, *chaque mois*, le dédommager du paiement de sa contribution, et dont l'effet, multiplié *sur toute la surface de la République*, est, sans contredit, le moyen le plus efficace de hâter le mouvement numérique, de raviver le commerce, de féconder l'agriculture, d'activer l'industrie, d'étouffer l'agiotage, et surtout de régulariser insensiblement les fortunes sans nuire à la propriété d'aucun individu.

En conséquence, nous supposons la République composée de *quatre-vingt-douze* départemens seulement.

Chaque département (à raison du cinquième de la population) est censé contenir 65,200 contribuables qui, multipliés par 92, donnent 5,998,400 contribuables pour toute la République.

Nous établissons que les sept huitièmes de ces individus vivent de leur travail et de leur industrie, et que le huitième restant a des propriétés, ou des moyens industriels, ou enfin la réunion des deux.

Les uns et les autres sont divisés par classes, et ces classes elles-mêmes sont tellement subdivisibles, qu'elles peuvent supposer autant de nuances d'imposition qu'il y a d'individus imposés... . Tous, au surplus, sont taxés, non au cinquième, mais au dixième, et même au douzième, au quinzième, au vingtième de leur revenu ou de leur industrie, soit en proportion du nombre des contribuables, soit en raison des besoins du gouvernement ; et, pour faciliter le paiement de ce dixième, nous supposons qu'il se fait par douzième, c'est-à-dire par mois.

Enfin, pour les dédommager tous des sacrifices qu'ils font à la patrie de cette portion quelconque de leur propriété ou de leur travail ; pour les encourager, les exciter à fournir, chaque mois, leur contingent de facultés ou d'industrie, nous établissons que, dans chaque département composé de 65,200 contribuables, il leur échoit, chaque mois, 652 primes graduées depuis 300 jusqu'à 50,000 fr., dans la proportion d'*un gagnant contre cent contribuables*.

Or il est à observer 1°. que, dans cette hypothèse, le principe des primes, portées à 500,000 fr. par département, est invariablement fixé aux cinq douzièmes du produit net de la contribution ; 2°. que la moitié de la contribution perçue, moins un douzième, rentre, tous les mois, dans la circulation, dans chaque département ; 3°. que les sept douzièmes qui restent paient l'administration générale, les frais de perception, les dépenses locales des départemens, et font arriver franche et vierge la somme fixée par la loi pour les besoins du gouvernement.

Cela posé, que le Conseil daigne se représenter le tableau consolant de 719,808 individus qui, *dans le cours d'une année* (en ne supposant que 92 départemens), auront reçu, on peut même dire dépensé et remis dans la circulation 552 millions.

Qu'il veuille bien ne pas perdre de vue que, dans le même espace de temps et de lieux,

331,200 contribuables auront eu chacun . .	300 fr.
165,600	500
66,240	800
54,096	1,000
55,200	1,500
44,160	2,000
1,104	8,000
1,104	25,000
1,104	50,000

Que le Conseil, disons-nous, arrête un instant ses regards paternels sur l'effusion de cette rosée féconde et bienfaisante ! il aura une idée du système *simple, naïf, mais neuf* de nos primes, et se convaincra de la célérité du mouvement qu'elles peuvent donner, non-seulement au commerce et à l'industrie, mais au paiement même de la contribution.

Car il ne vous échappera certainement point, *citoyens représentans*, que 719,808 primes, en refluant périodiquement dans la circulation, offrent un caractère de célérité d'autant plus actif, que les sept huitièmes des contribuables qui ont, en leur faveur (comme 7 est à 1), les sept huitièmes des probabilités pour les chances, ne sont rien moins que fortunés, et qu'ils s'empresseront, n'en doutez point, d'en faire un emploi utile, et conséquemment de disséminer les 552 millions qui leur seront échus.

Au surplus, pour opérer d'une manière sûre, nous avons dû, *citoyens représentans*, poser des bases et des principes ; les uns et les autres sont établis *dans les développemens et les tableaux ci-joints*. Quoique simples, clairs et méthodiques, les élémens dont se compose *notre système*, ne peuvent être approfondis et médités que dans le silence du cabinet ; nous avons cru devoir attendre, pour livrer ce travail à l'impression, et avoir l'honneur de vous le soumettre particuliérement, que le Conseil eût daigné en agréer l'hommage.

Nous ne nous dissimulons point que notre système trouvera peut-être hors de cette enceinte quelque *Plutus* insatiable, ou d'autres détracteurs intéressés à le complimer : mais, forts de l'accueil partiel qu'il y a déjà reçu; plus forts encore de la belle simplicité d'une invention dans laquelle les idées de morale et de politique se trouvent parfaitement liées aux calculs de l'intérêt, nous prenons avec la grande Nation, dont nous nous enorgueillissons d'être membres, et avec le Corps législatif qui la représente ici, l'engagement bien prononcé de renverser, avec le levier de la raison et la force des calculs, tous les obstacles que des intérêts particuliers pourroient opposer *au système de contribution facultative et industrielle*.

Puisse-t-il, citoyens législateurs, vous paroître susceptible d'être pris en considération ! des vues d'intérêt public en ont fait naître l'idée; notre zèle pour la République a dirigé notre travail, son exécution seroit pour nous la récompense la plus flatteuse. Salut et respect,

IMBERT, *ancien chef de la première subdivision, troisième division de la guerre*; FERA (*de Saint-Quentin*), rue du fauxbourg Montmartre, n°. 18.

Paris, le 28 ventôse an sixième de la République française.

DÉVELOPPEMENT *des avantages qui résultent, pour la République et pour les contribuables, de ce mode de contribution.*

OBSERVATIONS *analytiques et interprétatives de l'adresse présentée au Corps législatif.*

Le système de contribution qu'on propose, résulte de plusieurs vérités généralement senties.

Tout individu qui, *dans un état quelconque, possède ou peut faire quelque chose*, a droit à la protection du gouvernement.

Tout gouvernement qui *protége les propriétés et les personnes*, est fondé à requérir de ceux qu'il *defend et qu'il protége* un contingent de moyens *proportionné* à leurs facultés et à ses besoins administratifs.

Ce contingent doit donc avoir l'*égalité* pour base.

La perfection absolue dans ce genre, comme dans toute institution humaine, est chimérique (1) ; elle s'arrête, en fait d'*égalité*, à un degré plus ou moins élevé de *perfectibilité*.

Faire contribuer celui qui a, n'est pas chose difficile à obtenir d'une mesure d'ordre et de justice ; mais amener au même point de devoir envers la société le membre *qui a peu*, ou *qui n'a que le produit* de son industrie, voilà le point de perfection *possible* : étranger à toute idée métaphysique, éloigné de toute conception abstraite, ce point est *simple*, *facile*, il n'a de mérite que *l'invention* ; il consiste à établir des bases solides, à bien diviser ses moyens, et à présenter à la faculté foncière et à la faculté industrielle un but consolant, un appât séduisant, qui dédommagent l'une et l'autre des sacrifices qu'exigent d'elles les besoins de la République, etc. etc.

C'est sur ce principe que repose le système de contribution proposée ; reste à examiner s'il atteint le but d'utilité générale qu'on s'en est promis.

Fixer à 30 millions d'individus la population de la République, est la première idée à laquelle on a dû s'arrêter (2).

Le nombre des contribuables est présumé former le cinquième de la population, c'est-à-dire que, sur *cinq personnes*, on suppose *un chef de famille*. Cette vérité a paru résulter de la proportion que présentent un mari, une femme et trois enfans, et qui est le terme moyen entre les familles nombreuses et les petites familles (y compris les célibataires).

Les sept huitièmes des contribuables forment trois classes en dix subdivisions, dont le *minimum* suppose un revenu de 120 fr., et le *maximum* un revenu de 1,920 fr., dont on perçoit le dixième en douze paiemens égaux.

On conçoit que ces classes sont subdivisibles à l'infini, et qu'il est possible qu'il y ait autant de nuances et de subdivisions qu'il y aura

---

(1) L'égalité parfaite,
Une loi parfaite,
Une institution humaine parfaite,
Sont trois êtres de raison.
La perfection est :
Le mieux qu'on peut faire,
Et sur-tout le bien qu'on fait.

(2) Les premières données ont été :
Une République,
92 départemens,
30,000,000 d'individus,
5,998,400 contribuables, c'est-à-dire, à-peu-près le cinquième de la population,
65,200 par département, dont les sept huitièmes n'ont à-peu-près que leur industrie, et le huitième l'industrie et les propriétés, ou les propriétés seulement.

d'imposés. Qu'importe : les proportions seront gardées, l'égalité sera respectée, et les résultats seront les mêmes ; avec cette différence que si les besoins diminuent, au lieu de prendre le dixième, on pourra ne prendre que le douzième, le quinzième, le vingtième : c'est un cricq qu'on hausse et qu'on baisse à son gré.

Quant aux bénéfices commerciaux et industriels, comme leur accroissement est un indice certain de la prospérité de l'Etat, il s'en suit que la taxe de la contribution sera en raison inverse de l'accroissement de ces bénéfices : le dixième n'est donc présenté ici que comme une hypothèse susceptible d'augmentation ou de diminution.

Le huitième restant des contribuables, comprend le haut commerce, les manufacturiers, les gros fermiers et gros propriétaires-fonciers : ce huitième forme cinq classes en vingt-sept subdivisions, dont le *minimum* est de 2,160 fr. de revenu, soit foncier, soit industriel, (soit composé de la réunion des deux), et le *maximum* est de 144,000 fr. de revenu de même espèce, dont on perçoit aussi le dixième en douze paiemens égaux.

Vous aurez peine, a-t-on dit, à atteindre les sept huitièmes qui ne paient point, ou ne paient presque rien, et vous ferez crier le huitième, qui paie déjà le cinquième de son revenu.

On a répondu, à la première objection, que c'est par l'effet des circonstances que les sept huitièmes sont dans cet état de nullité ou de presque nullité pour les contributions publiques, et que cet égoïsme anti-social ne peut qu'augmenter encore la répugnance que le peuple a toujours manifestée pour le redressement des barrières et le rétablissement des impôts indirects ; au lieu que la modicité de la somme qu'on demandera à ces sept huitièmes, le mode de paiement de leur contribution par douzième, et sur-tout (ce qu'il ne faut pas perdre de vue) l'appât des primes qu'ils verront, tous les mois, écheoir autour d'eux, et venir soulager (quelquefois enrichir) leurs parens et leurs amis, seront le mobile le plus actif de leur empressement, et la réponse la plus satisfaisante à l'objection proposée.

Quant au huitième riche, foncier et même industriel, outre le même encouragement qu'il a en perspective, et la même facilité du paiement partiel, de quoi se plaindra-t-il ? Il paie le cinquième ; il ne paiera que le dixième de son revenu ; il est presque seul à payer les charges de l'Etat, il sera aidé par les sept huitièmes des citoyens.

(1) Dira-t-on que les vingt-sept subdivisions ne sont pas suffisantes,

---

(1) Encore un coup, si, comme il y a lieu de le croire, les vingt-sept subdivisions ne suffisent pas, on conçoit qu'elles peuvent être subdivisées à l'infini, et diminuer par conséquent en proportion la contribution du huitième ; ce qui peut être fait, soit en subdivisant, soit en fondant plusieurs de ces subdivisions dans les sept huitièmes.

et

et que dans certains départemens la plupart n'existent pas, ou qu'elles sont trop chargées ? Eh bien ! on les subdivisera encore, s'il le faut ; et si un département ne contient aucun contribuable à 144,000 fr. de revenu, ou qu'on croye que ces subdivisions sont trop chargées, rien de plus facile ; on maintiendra le principe de la classification ; mais on fondra la même somme dans les autres subdivisions, qui sont infiniment plus nombreuses ; et on aura les mêmes résultats.

Tout ceci, au surplus, on le répète, est *une vis, un cric* qu'on peut hausser, baisser, diriger à son gré (1). Une bonne loi, bien entendue, bien détaillée ; une instruction bien faite ; *une volonté bien prononcée de la faire exécuter ;* un accord parfait dans l'ensemble de l'organisation ; huit inspecteurs généraux commis par le gouvernement, sous la dénomination de *commissaires ;* sur-tout *la détermination, la volonté bien décidée, de la part de tous les administrateurs et agens , de concourir au maintien de la constitution* (sans oublier la magie des primes et du paiement par douzième) : en voilà autant qu'il en faut pour résoudre l'inextricable problème de l'impôt, pour en simplifier l'opération, et pour calmer la sollicitude que pourroit causer la possibilité de l'exécution du système proposé.

A tous ces motifs rassurans, on peut ajouter que l'organisation du mode précité de contribution ne donne lieu à aucune secousse dans les opérations matérielles des bureaux auprès des administrations centrales, et qu'il importe même, pour assurer sa marche, d'utiliser les élémens qu'on a déjà pour l'assiette de la contribution *foncière* et même *personnelle.*

On a dit que la contribution se payoit par douzième, et sur le pied du dixième du revenu foncier ou industriel : il est à observer que, sur la perception du dixième pour un an, ou du cent vingtième pour un mois, il en reste la moitié, moins un douzième, qui est rendue en primes aux contribuables, le 5 de chaque mois, et dans chaque département : ces cinq douzièmes, ou primes, sont distribués à-peu-près à raison de cent pour un gagnant ; leur *maximum* est de 50,000 fr., et leur *minimum* est de 300 fr. ; au total, 500,000 fr, pour 652 primes, dans un département fixé à 65,200 contribuables.

Or, qu'on veuille bien s'arrêter un instant à l'idée du *mouvement nu-*

---

(1) Le mécanisme du système est tel, qu'on peut le monter ou le descendre selon les besoins du gouvernement.

Quant à l'exécution, une bonne loi, de bonnes instructions, des agens bien choisis et bien payés (sur-tout la magie des primes et le paiement par douzième) feront merveilleusement marcher la machine : elle est simple ; c'est sa principale vertu. On ne la donne pas pour une grande conception ; les auteurs réclament seulement le mérite de l'avoir trouvée.

Système de contribution, etc.

mérique et de l'*activité* que peuvent procurer au commerce intérieur, sur toute la surface de la République, la bénigne influence et la fécondité d. 46 millions par mois, ou de 552 millions par an (1).

Le but de ce mode de contribution est, en dernière analyse, 1°. de faire jouir de la qualité de citoyen français tous ceux que leurs propriétés quelconques ou leur industrie mettent sous la protection du gouvernement; 2°. d'établir pour l'assiette un système d'*égalité* qui fasse venir le riche au secours du pauvre, et réciproquement le pauvre au secours du riche (2); 3°. de répandre, tous les mois, dans toute la France, une rosée propre à féconder l'agriculture, à vivifier le commerce, à encourager les talens et les arts.

Le but de ce mode de contribution est encore de dégager le gouvernement de la nécessité d'avoir entre lui et les gouvernés des fermiers d'impôts indirects, d'une part, et des traitans monopoleurs, de l'autre.

Son but enfin est de simplifier la perception de l'impôt national, d'assurer la rentrée des fonds au trésor public, de procurer au fournisseur probe un bénéfice certain et loyal, de raviver le commerce, de retremper la finance, de la rendre à sa pureté, d'étouffer l'infâme agiotage, et de graduer tellement l'émission des cinq douzièmes refluans de la contribution, que la grande Nation jouisse individuellement et en détail des bénéfices immenses qu'entasseroit dans les mains des fermiers et régisseurs, etc., le rétablissement des impôts indirects.

On conçoit que le gouvernement n'aura plus dès-lors besoin de ressources étrangères ni de ces emprunts ruineux; et d'autant plus ruineux, que les besoins pressans du trésor public les rendent plus

---

(1) *Imposer*, *emprunter*, sont deux moyens usés, dont l'un a toujours écrasé le peuple, et l'autre a ruiné l'Etat.

Imposons, mais imposons tout le monde, et faisons en sorte que tout le monde aspire à être imposé. C'est l'effet que produiront les primes, c'est-à-dire, la distribution, par la voie du sort, des cinq douzièmes de la contribution.

(2) Si les chances des primes sont en faveur du pauvre comme 7 est à 1, le riche, de son côté, sera, dans la même proportion, soulagé pour la taxe de la contribution, et toutes choses dès-lors seront égales; car si les uns gagnent plus de primes, les autres paieront moins de contributions.

Il est bien temps, en vérité, qu'on se pénètre de la nécessité de ne plus *surcharger la terre et la propriété foncière de la masse presque totale de l'impôt.*

Nous connoissons la théorie par laquelle on cherche, depuis vingt ans, sur-tout, à justifier ce système. Nous respectons les vues d'intérêt public qui l'ont dirigée; mais une longue expérience en administration nous a appris à subordonner, en matière d'impôt, la théorie à la pratique. Nous croyons qu'il est juste que chaque membre valide contribue aux besoins de la famille; mais il nous paroît monstrueux de *dessécher* le sein de la mère qui nous nourrit....... *Le trop en tout n'est que foiblesse.*

difficiles et plus onéreux. En fixant la quotité de l'impôt, le Corps législatif trouvera dans ce mode de contribution l'aliment à tous les besoins du gouvernement ; son mécanisme sera si simple (1) ; il sera si fort dégagé de cette infinité de rouages dont les frottemens trop multipliés ont jusqu'ici ralenti l'action du trésor public, qu'on pourra, sans la moindre secousse, augmenter ou diminuer ses ressources en raison de ses besoins.

Chaque gouvernement a son mode d'imposition : plus on multiplie les formes de la perception, plus l'impôt pèse sur le peuple ; plus le gouvernement perd de sa consistance, plus il atténue son crédit : telle étoit la situation de la France à l'époque des États-généraux.

On ne peut se dissimuler qu'il y avoit alors des impôts de toutes les couleurs, qu'on tentoit des emprunts sous toutes les formes. Les besoins du trésor public sembleroient aujourd'hui justifier l'emploi de ces moyens : déja on a fait un pas vers la fiscalité ; demain on sera forcé d'en faire une autre, et bientôt la République sera en proie à ces impôts désastreux dont la perception donna toujours lieu à l'arbitraire et à l'infraction des lois.

Le système proposé obvie à l'un et à l'autre.

Établissez aujourd'hui des impôts indirects (2), demain vous aurez des fraudeurs, des contrebandiers ; il faudra pour les contenir une nuée d'employés, et il s'établira bientôt entre eux une lutte, une guerre d'autant plus cruelles, que les esprits sont déja disposés, d'un côté, à prendre la licence pour la liberté ; de l'autre, à comprimer, à terrasser tout ce qui s'opposera à leur ardeur belligérante.

Et qu'on ne s'y méprenne point, tous ces fraudeurs, tous ces employés se composent des débris de l'agriculture, du commerce, des manufactures. Et qui sait ce que peut faire un homme ambitieux, un

___
(1) En politique comme en mécanique, les moyens les plus simples sont les meilleurs.
(2) Tout impôt indirect donne lieu à la fraude ; il faut, pour la réprimer, employer des moyens de vigueur, opposer le citoyen au citoyen, et établir une espèce de guerre civile dont les résultats sont toujours au détriment du peuple et au profit des fermiers.

Dans l'hypothèse présentée, le peuple paie, il est vrai ; mais du moins il gagne ce que gagneroient ses fermiers, et il voit rentrer dans les manufactures, il voit rendus à l'agriculture, au commerce et aux arts, tous ces bras victorieux, ces braves soldats qui, couverts de gloire, semblent destinés à une activité plus honorable et plus flatteuse que celle de faire la guerre à des contrebandiers.

On argue de la nécessité de placer les militaires qui rentreront à la paix ! Il y en aura de trois sortes : les uns resteront à leurs drapeaux ; les autres rentreront dans leurs foyers. Un tiers, peut-être, n'aura point de domicile fixe, et c'est ce tiers qu'on voudroit armer contre les contrebandiers ! J'aimerois mieux, moi, ou les retenir à leurs drapeaux, ou les disséminer sans armes, et les occuper (en les payant et en les plaçant par escouade dans les communes et lieux voisinaux) au curement des rivières et des canaux, à la réparation des routes, etc., etc., etc.

intrigant, de l'ensemble de ces individus réunis et dirigés vers un but commun ? L'idée seule de cette possibilité semble devoir commander la circonspection......

On présume l'impossibilité de l'assiette, et l'arbitraire dans la répartition de la contribution proposée.

On répond que cette impossibilité ne sera pas plus réelle dans l'hipothèse de la contribution précitée, qu'elle ne l'est dans l'état actuel des choses ; on atteint sans doute les propriétés foncières (car elles restent là), et on les atteindra bien mieux quand un percepteur responsable ; quand les contribuables d'une commune auront un intérêt égal à dire ce qui est sur la quantité et *la qualité* des propriétés foncières de leurs voisins, de champ, de pré, de bois, etc.

Jadis, dans les pays d'élection, un agent se présentoit à la commune assemblée ; là il faisoit à haute voix lecture du rôle ; chacun discutoit sur le plus ou le moins de taxation, et l'équilibre s'établissoit : pourquoi ne suivroit-on pas ce mode, en l'adaptant aux circonstances ? Ce que faisoit un élu, un conseiller d'élection, un agent national ne pourroit-il pas le faire ?

Au surplus, quant aux propriétaires fonciers, fermiers et cultivateurs, on sent qu'il sera encore aisé de les atteindre, en donnant à chaque commune une instruction bien détaillée, que chaque percepteur sera tenu de mettre à exécution.

Entre autres dispositions de la loi à intervenir sur la contribution, un article pourra porter, Que, si un contribuable réclame, il sera vérifié si la réclamation est fondée : si elle l'est, point de doute qu'il ne doive être dégrévé, et qu'il ne soit remboursé de sa surcharge sur les fonds des non-valeurs. Dans le cas contraire, il sera tenu de payer les frais d'expertise ; et, pendant tout le temps qu'elle durera, non-seulement il sera forcé à payer sa cote de contribution, mais il sera privé de la prime qui pourroit lui échoir par le sort, et qui tomberoit, par le fait, à la caisse des non-valeurs, pour être appliquée aux objets indiqués par le gouvernement ou par la loi.

Chaque commune présentera donc deux rôles : l'un contiendra les propriétaires fonciers, avec la désignation seulement de leurs biens, en quantité d'arpens de prés, vignes, étangs, bois, etc., première, deuxième, troisième qualité ; et ce sera sur la quantité et la qualité, ou valeur locale des arpens de terre qu'on établira la taxation, non sur le revenu ou produit de chaque propriété. Ce moyen paroît d'autant plus sortable, qu'il prévient les fausses déclarations de revenu, et qu'il assigne la valeur locale et graduelle de l'arpent à la propriété du riche comme à celle du pauvre.

Le deuxième rôle contiendra les noms, état et profession des contribuables industriels : on conçoit que ce rôle sera d'autant plus volumineux, qu'il contiendra une plus ou moins grande partie des contribuables fonciers qui, joignant à leurs propriétés foncières le produit d'une industrie quelconque, en doivent le dixième au gouvernement, qui leur assure le repos et le calme pour la faire valoir.

C'est encore sur cet objet que devra se fixer la justice et l'équité des taxateurs ; c'est à l'évaluation du produit de chaque contribuable industriel qu'on devra prendre garde de ne point appliquer le défaut du droit de patente.

Car, un menuisier de campagne ne gagne pas autant que celui d'un bourg ; le cordonnier d'un bourg ne fait pas un commerce aussi étendu que celui d'une ville ; et, dans la commune même de Paris, un horloger du Marais n'aura pas un commerce, un débit aussi étendu que celui qui est placé dans un quartier achalandé.

Ces deux rôles devront ensemble former le nombre des imposés d'une commune.

Chaque contribuable sera tenu, chaque année, de faire la déclaration du produit de son industrie, de son commerce ; on en déduira le dixième pour les pertes imprévues, et il sera imposable d'un dixième sur les neuf dixièmes net du produit qu'il aura déclaré.

Tout contribuable qui a des moyens d'existence, soit par son commerce, soit par la manutention de son porte-feuille, soit en courtage, soit en métier, art, etc., etc. ; en un mot, tout contribuable industriel qui aura fait, d'après les données ci-dessus, une déclaration notoirement fausse, sera (indépendamment de la mise au vrai de sa taxation avec effet rétroactif) privé, déchu, pendant l'année, à dater du jour de la preuve acquise, de son droit aux primes qui pourront lui échoir par le sort ; cette déchéance sera motivée et publique.

La peine ici est proportionnée au délit ; car plus la déclaration dépend du déclarant, plus il est coupable d'avoir trahi la confiance du gouvernement, au détriment de ses co-imposés.

Or plusieurs moyens peuvent servir à découvrir ces fausses déclaration ; car enfin, ou l'on connoît (au moins par approximation) les quantités et les différentes valeurs et qualités des terres d'une commune, ou l'on parviendra à les connoître.

Dans le premier cas, rien de plus facile et de plus susceptible d'une proportion que l'assiette de la contribution.

Dans le second, et en attendant que les connoissances locales soient acquises, il ne faut qu'une loi dont l'exécution soit exigée de la part des administrations centrales, et qui supplée provisoirement à l'interminable opération du cadastre général, opération à laquelle on paroît avoir attaché jusqu'ici une importance telle, qu'on n'en a calculé la possibilité que sur son extrême perfection.

Or on pourra, avec l'intelligence qui discerne le bien, avec le zèle qui le veut, avec la fermeté qui le fait exécuter, faire servir les erreurs même existantes, et les défectuosités d'une loi provisoirement émise sur cet objet d'intérêt public, à la perfection telle quelle d'un cadastre particulier à chaque commune.

En conséquence, une loi bien expresse, partie du Corps législatif, envoyée par le Pouvoir exécutif aux administrations centrales, de celles-ci aux administration de canton, et enfin de ces dernières aux municipalités, doit, ce semble, dans un temps donné, sous la surveillance de *commissaires ad hoc*, et sur-tout sous la responsabilité d'agens préposés à cet effet par les administrations de canton, présenter des résultats, sinon parfaits, du moins satisfaisans.

Au reste, outre la déclaration exigée de chaque contribuable, un percepteur chargé, conjointement avec l'agent national et un officier municipal, d'établir provisoirement le rôle d'un arrondissement, pourra, devra même s'environner de lumières non-seulement locales, mais étrangères, et propres à éclairer leur religion sur les bénéfices commerciaux et industriels des habitans de leur commune ; et il importe de ne pas oublier que chacun d'eux ayant un intérêt particulier à ne point être sur-taxé à la décharge de son voisin, ne manquera point de réclamer publiquement contre lui auprès des fonctionnaires chargés de faire l'assiette et la répartition de la contribution.

Dans le cas au contraire où ces derniers auroient, soit par erreur, soit faute de déclaration, opéré une sur-taxe bien prouvée, on peut, on doit même se reposer sur le contribuable sur-taxé du soin de démontrer clairement pourquoi il est trop imposé, et on peut être assuré que le jugement qui interviendra dans cette hypothèse, sera d'autant moins équivoque, que le réclamant sera, comme on dit, *jugé par ses pairs*.

Enfin, la somme de 15,620 liv. restante en non-valeurs chaque mois, dans chaque département, et susceptible d'être augmentée par *l'effet possible des fausses déclarations*, offre essentiellement deux avantages, celui de pourvoir au dégrèvement des contribuables sur-imposés, et celui de subvenir à des dépenses extraordinaires et imprévues, sans nuire au fond de la recette pour le gouvernement, ni aux primes accordées aux contribuables.

Il résulte bien évidemment encore du système proposé un avantage bien précieux pour la nation, que nous supposons *fermière du gouvernement* (puisqu'elle profitera des bénéfices qu'auroient obtenus les fermiers des impôts indirects), c'est de répandre, *tous les ans, sur toute la surface de la République*, dans l'hypothèse de quatre-vingt-douze départemens, 552 millions en primes qui vont vivifier son commerce, et qui répandus (ainsi que nous nous plaisons à le répéter et à le représenter ci-contre), sur 719,808 contribuables, offrent au peuple payant, d'un côté, la possibilité de voir dans le cours de huit ans et demi la totalité des contribuables pourvus d'une prime quelconque, de l'autre, une perspective d'impôt plus attrayante sans doute pour lui que les nombreuses cohortes d'employés et de fermiers qu'on pourroit lui opposer, et que les mille et un impôts qu'on pourroit rétablir.

Dans le cours d'une année contribuables (ont eu) chacun
331,200	300
165,600	500
66,240	800
54,096	1,000
55,200	1,500
44,160	2,000
1,104	8,000
1,104	25,000
1,104	50,000

719,808 contribuables ont donc reçu dans le cours d'une année 719,808 primes, par conséquent 552,000,000.

SUPPLÉMENT.

Les bases établies dans les observations qu'on vient de soumettre au Corps législatif sont les seules qu'on croie propres à amener les résultats qu'on s'est promis de ce travail ; cependant, les diverses combinaisons, les divers calculs qu'il a fallu tenter, ont fait naître des hypothèses qu'on croit devoir présenter ici par forme de supplément, et pour éclairer la religion du Conseil sur le parti qu'il croira devoir prendre à leur égard.

PREMIÈRE HYPOTHÈSE.

On suppose un département qui ne donne pour 12,600 (1) contribuables que . . . . 246,000 liv.
au lieu de 1,230,310
produit d'un département de 65,200 contribuables.

---

(1) Il y auroit donc 126 primes divisées comme suit :

73	à 300 fr.	21,900 fr.
20	à 500	10,000
10	à 800	8,000
10	à 1,000	10,000
5	à 1,500	7,500
5	à 2,000	10,000
1	à	4,500
1	à	10,000
1	à	20,000
		101,900 fr.

Il s'ensuit qu'il ne rendroit au gouvernement que   130,401 l. 18 s. 4 d.
Le département retiendroit 5 pour cent . . . .   12,300.
Il paieroit à l'administration générale   1,000
Les cinq douzièmes de primes seroient de . .   101,900
Les non-valeurs seroient de   398   1   8

Somme égale . . . .   246,000 l.

DEUXIÈME HYPOTHÈSE.

On suppose un département qui donne 1,230,310 liv. pour 80,000 contribuables, au lieu de 65,200. Il faudroit donc diviser les cinq douzièmes en 800 primes, au lieu de les diviser en 652. Elles pourroient l'être (comme dans le tableau ci-contre), et le résultat de leur division par 800 primes seroit le même que celui de leur division par 652, c'est-à-dire que le produit seroit dans l'une et dans l'autre de 500,000 liv.

Soit la quantité de 800 primes divisées ainsi qu'il suit ; savoir,
420 . . . à   300 . . .   126,000
192 . . . à   500 . . .   99,900
70 . . . à   800 . . .   56,000
70 . . . à 1,000 . . .   70,000
24 . . . à 1,500 . . .   36,000
15 . . . à 2,000 . . .   30,000
1 . . . à   50,000
1 . . . à   25,000
1 . . . à   8,000
Somme égale . . .   500,000
comme pour les 652 primes.

TROISIÈME HYPOTHÈSE.

On suppose encore un département composé de 326,000 contribuables (ce qui fait cinq fois la population d'un département moyen, qu'on a supposé à 65,200 contribuables), et payant 4,921,240 liv., ce qui fait quatre fois la somme donnée par le département moyen : or ce département de 326,000 contribuables paieroit ; savoir,

Au gouvernement . . . . .   2,608,695 liv. 13 s.
Il retiendroit cinq pour cent . . .   246,062
Les cinq douzièmes de primes .   2,050,516   } 4,921,240 liv.
A l'administration générale . . .   1,000
Les non-valeurs   14,966   7

Somme égale   4,921,240

Il résulte des trois hypothèses précitées, et qu'on ne donne que pour des exemples, qu'il est infiniment aisé de varier le travail, en raison de la mutation des sommes et des contribuables.

Au surplus, il seroit possible que le Corps législatif aimât mieux donner une quantité égale de primes à chaque classe, et que ces
primes

primes fussent graduées en raison à peu près du paiement de leur contribution. On pourroit encore le faire comme suit :

Première classe,	10 primes	à 10,000	100,000 liv.
Deuxième classe,	10	à 9,000	90,000
Troisième classe,	10	à 7,000	70,000
Quatrième classe,	10	à 6,000	60,000
Cinquième classe,	10	à 5,000	50,000
Sixième classe,	10	à 4,000	40,000
Septième classe,	10	à 3,500	35,000
Huitième classe,	10	à 2,500	25,000
Une prime supérieure de			30,000
On auroit également			500,000 liv.

Enfin, on évalue à 30 millions d'individus la population de la République (on conviendra que ceci n'est rien moins qu'exagéré).

On demande s'il n'est pas possible de compter que chaque individu paye par jour à l'Etat, d'une manière quelconque, *et du fort au foible*, 1 sou 6 deniers.

Cela posé, 30,000,000 d'individus $\times$ 1 s. 6 d. = 2,250,000 liv. qui $\times$ 365 jours = 821,250,000 liv., ci 821,250,000

Or, on ne présente, par le système proposé, que . . 720,000,000

Il y a donc différence de . . . . 101,250,000 liv. ou un huitième à peu près à déduire sur la population, ce qui n'est pas présumable.

Projet d'organisation de l'administration générale.

L'administration générale de la contribution facultative et industrielle sera composée de quatre administrateurs qui dirigeront tous ses mouvemens de manière à assurer le service ; ils seront sous la surveillance immédiate du ministre des finances.

L'administration établira ses bureaux dans la commune où siège le gouvernement.

Cent vingt-huit individus (toujours dans l'hypothèse de quatre-vingt-douze départemens) semblent devoir suffire pour conduire et faire marcher la machine, pourvu qu'ils soient bien choisis, bien payés, et qu'ils puissent (tant qu'ils les rempliront avec zèle) compter sur la solidité de leurs emplois (1).

---

(1) L'administration, dit-on, est lente dans sa marche; elle est quelquefois immorale dans son exécution. Pourquoi ? parce que, d'une part, son organisation est hérissée d'une infinité de pièces de rapport vicieuses et incohérentes qui ralentissent son action;

Système de contribution, etc.

Frais d'administration.

 4 administrateurs. . . . . à
 4 teneurs de livres. . . . . à
 8 employés à la correspondance. . . . . à
 8 expéditionnaires ou copistes. . . . . à
 92 expéditionnaires signataires de billets de primes. . . . à
 12 garçons de bureaux. . . . . à

Frais de bureau, papier, transport, impression, etc., etc. : en tout cent ving-huit personnes employées à Paris pour l'administration générale.

Inspection générale.

Outre l'administration générale et la surveillance habituelle des inspecteurs actuels, à raison d'un par département, le bien du service paroît exiger impérieusement que le Corps législatif mette entre elle et les administrations départementales, et que celles-ci reconnoissent aussi entre elles et les contribuables (1) huit commissaires inspecteurs généraux des contributions de la République.

Leurs fonctions seront, vis-à-vis l'administration générale, de lui rendre compte de la situation des administrations départementales, relativement aux contributions seulement ; et ce, dans tous les détails, soit contentieux, soit de comptabilité ; ils feront en conséquence leurs rapports au comité, où ils auront voix consultative.

Les inspecteurs particuliers près chaque département, devant diriger essentiellement leurs soins vers l'assiette et la perception de la contribution, à l'effet de les soustraire à l'arbitraire, et d'en régulariser la

---

de l'autre, elle n'offre à l'agent essentiellement probe, actif et intelligent, qu'une existence précaire et une perspective affreuse, s'il ne se traîne, comme les autres, dans les voies tortueuses de l'intrigue, et si, par délicatesse, il est sourd aux suggestions perfides de la cupidité.

Voulons-nous régulariser la marche de l'administration, et ramener ses agens à la délicatesse ? Rien de plus simple.

Mettons chaque individu à sa place ; payons-le bien, et ne faisons point des emplois administratifs une lanterne magique.

Quand l'agent est bien choisi, il travaille ; quand il est bien payé, il ne cherche pas à se payer lui-même ; il s'attache à l'état qui le fait vivre, et en remplit les devoirs avec honneur.

(1) Le nombre de huit inspecteurs paroît d'autant plus nécessaire, qu'indépendamment de l'importance qu'il y a de mettre deux hommes qui se soulageront en cas de maladie et se surveilleront, le service en sera mieux fait, parce qu'il sera moins accessible à l'arbitraire que pourroit se permettre un seul homme.

marche, semblent devoir être au choix des administrations centrales, et être responsables envers elles des abus qui pourroient se glisser dans l'une et l'autre opération.

Quant aux inspecteurs généraux, leurs fonctions, auprès des administrations départementales, s'étendront à surveiller les départemens dans l'administration de la contribution, à viser les états des administrations de canton, à en inspecter les répartitions, à en redresser les erreurs, à certifier les états de départemens conformes à ceux envoyés à l'administration générale, à entendre les réclamations des contribuables sur l'objet de la contribution, à les envoyer avec leur avis à l'administration centrale, à communiquer auxdites administrations leur opinion sur les dégrévemens qui pourront avoir lieu, et à se tenir, comme agens du gouvernement, entre les contribuables et les administrations départementales.

Les inspecteurs généraux se concerteront à cet effet avec les commissaires du gouvernement près les administrations centrales, avec invitation de leur faire part des détails qu'ils seront à portée d'avoir sur les contribuables et les localités.

L'inspection générale sera divisée en cinq parties : *du nord*, *du sud*, *de l'est et de l'ouest*; celle *du centre* s'étendra au département de la Seine et autres environnans; on pourra ajouter deux autres inspecteurs pour les départemens de la Grèce et des Indes-Occidentales, lorsqu'il y aura lieu.

Les inspections se feront par semestre, et les inspecteurs alterneront : pendant que deux inspecteurs feront la tournée *du nord*, deux autres feront celle *du sud* ; deux feront celle *de l'est* ; deux autres celle *de l'ouest* ; l'inspection *du centre* sera faite tous les semestres successivement par les inspecteurs qui passeront *du nord au midi*, et *de l'est à l'ouest*, etc.

Ce mode alternatif paroît devoir obvier aux inconvéniens qui pourroient résulter, pour l'exactitude du service, de la présence habituelle des mêmes inspecteurs dans les mêmes départemens.

Les huit inspecteurs généraux, devant être, comme les administrateurs des contributions, des hommes investis de la confiance du gouvernement, seront, les uns et les autres, nommés par le Directoire exécutif : leurs fonctions, nécessitant une suite d'opérations qui intéressent essentiellement l'action du gouvernement, semblent exiger que ceux qu'il aura investis de sa confiance n'aient point à redouter l'affligeante versatilité des emplois administratifs, à moins que des cas graves et des délits bien prouvés n'appellent sur eux la rigueur des lois, et ne nécessitent leur destitution.

Le traitement des inspecteurs généraux sera d'un denier pour livre pris sur les cinq pour cent alloués aux administrations départementales sur la recette de la contribution ; leurs frais de poste et de bureau pourront être prélevés sur les fonds des non-valeurs départementales.

OBSERVATION.

Le projet d'organisation ci-dessus, et d'autre part, a dû nécessairement entrer dans le travail soumis au Conseil ; mais il ne lui échappera point que les auteurs du projet de contribution n'ont dû ni voulu présenter autre chose que des vues générales d'exécution.

Il en est de même du projet suivant d'organisation pour l'assiette et la perception de la contribution par les administrations centrales.

Projet d'organisation pour l'assiette et la perception de la contribution par les administrations centrales.

Le mode établi dans les départemens pour tout ce qui est relatif aux impositions actuelles, malgré ses imperfections et ses défauts ; la classification du droit de patente, etc., ainsi que les connoissances qu'ont les administrateurs des localités, et des moyens facultatifs et industriels de chaque individu, sont déja des bases très-solides sur lesquelles on peut établir un projet d'organisation de la *contribution facultative et industrielle* ; nous nous contenterons donc de présenter à cet égard nos idées, qu'il sera facile d'adapter à *ce qui est*, pour faire sortir le résultat de *ce qui doit être*, dans l'hypothèse que nous proposons. En conséquence,

Chaque municipalité choisira dans son sein un percepteur (1) probe, actif, et en état de répondre de ses actions ; il donnera en immeubles un cautionnement égal à la recette de deux mois de contribution.

Chaque administration de canton nommera un receveur particulier qui aura le même caractère moral, et présentera les mêmes assurances.

Chaque administration centrale fera choix d'un receveur général, pourvu des mêmes qualités morales et physiques.

Le cautionnement en immeubles, fourni par ces trois fonctionnaires publics, assurera le service, et sera le garant des fonds perçus et à percevoir. Ils ne seront point admis les uns par les autres à justifier et excuser l'inexactitude qu'ils pourront mettre à verser successivement les

_____
(1) Payons bien nos percepteurs et nos receveurs ; mais faisons-les verser régulièrement, et sur-tout exigeons de la responsabilité et des cautionnemens en immeubles. La contrainte par corps paroît ici indispensable : celui qui arrête l'action du gouvernement porte atteinte à la liberté publique, et cesse d'être digne de la liberté individuelle.

fonds, *par le non-paiement des contribuables*; ils demeurent responsables des deniers portés sur le rôle, et rien ne doit en suspendre ni arrêter le versement. Le cautionnement fourni répondra de toute espèce d'omission à cet égard : cette précaution est de rigueur ; la nécessité paroît devoir en être sentie ; les administrations centrales, au moyen des cinq pour cent de retenue, peuvent fournir aux percepteurs et receveurs un intérêt bien capable de les dédommager de cette condition rigoureuse.

Cela posé, les municipalités présenteront au chef-lieu de leur canton le tableau de leur population, divisé par classes, d'après l'instruction qui leur en aura été donnée par le département.

Ces classes comprendront (1),

1°. Les propriétaires du premier ordre, parmi lesquels on compte les commerçans, banquiers et négocians dont les fortunes sont connues pour être supérieures ;

2°. Les propriétaires du second ordre en biens ruraux ;

3°. Les rentiers-propriétaires du troisième ordre et les fermiers ;

4°. Les banquiers, agens-de-change, négocians, entrepreneurs, manufacturiers, etc. ;

5°. Les négocians ordinaires, les orfèvres, bijoutiers, horlogers, hommes de loi, huissiers-priseurs, etc. ;

6°. Les marchands détaillans, les artisans, ceux enfin qui ont des états et professions susceptibles d'occuper des ouvriers ;

7°. Les ouvriers, les artistes, les employés, tous ceux enfin qui ne travaillent pas pour leur compte personnel ;

8°. La domesticité, les manœuvres, e.c. etc. On dit bien la domesticité : mais comme tout individu qui est tenu à gages est privé de la jouissance du droit de citoyen, les domestiques seront imposés à la charge de leurs maîtres.

Chacune de ces huit classes sera taxée par l'administration générale sur les rôles fournis par les départemens, et la répartition départementale se fera par municipalités, de manière que les sommes portées pour chaque classe soient remplies.

L'administration générale fera parvenir aux départemens les billets de primes numérotés 1 jusqu'à etc., et taxés suivant les classes indiquées par les états. Les départemens les feront parvenir aux receveurs de canton, et ceux-ci aux percepteurs.

Dans le courant du mois, et au plus tard au 25, tout contribuable sera tenu de retirer son coupon de contribution, et d'en payer le

---

(1) On observe que ceci n'est qu'un aperçu, un indice, un état succinct qu'on pourra développer et régulariser.

montant suivant sa classe (1); alors seulement le percepteur ou receveur en remplira le nom, et le portera également sur son registre de perception.

Faute par le contribuable d'avoir rempli cette obligation, le percepteur dirigera contre lui, ou sa caution, les poursuites légales, comme pour deniers de la République.

Le premier de chaque mois, dans la salle la plus apparente du département, en présence du public, du commissaire du Directoire exécutif, des administrateurs du département, et du receveur général, etc. il sera jeté dans une grande roue les numéros des billets de contribution, et dans une autre roue les billets de prime; on procédera alors au tirage en la manière accoutumée.

Le 5 de chaque mois, tout porteur de primes échues par le sort pourra se présenter à la caisse du receveur général pour en recevoir le montant sans frais ni retenue.

Tous les premiers du mois, le trésor public sera crédité de la somme nette à lui revenant, déduction faite;

1°. Des cinq pour cent de retenue;

2°. Des cinq douzièmes de la recette formant la quotité des primes;

3°. Des 1000 fr. de quote-part pour l'administration générale.

Le trésor public sera en même temps débité du montant des rescriptions fournies sur les départemens, et que le receveur devra toujours acquitter à vue, à dater du 5 de chaque mois.

Cette organisation étant une fois établie, avec les changemens et modifications dont elle aura été jugée susceptible, on sent aisément que les mutations provenant de déplacement d'individus, de mort ou d'insolvabilité, seront peu sensibles; ce sera pour les percepteurs particuliers un ouvrage facile, et pour les administrations centrales, un travail non moins aisé, pour remplir les vides et mutations.

Signé, IMBERT, FÉRA.

OBSERVATION.

Nous avons présenté dans les développemens du systême un tableau (N°. 1), tendant à donner au gouvernement 720 millions par année, et à faire payer par contribuable le dixième de son revenu, dont le *minimum* est de 120 francs, et le *maximum* de 144 mille fr., et donnant 652 primes qui produisent ensemble 500 mille fr. par mois.

---

(1) Les ouvriers de tout genre, les individus qui ne sont pas dans leurs meubles, seront tenus, pour se faire admettre à l'inscription sur le rôle, de présenter pour caution: *les premiers*, les artisans; fermiers et autres pour qui ils travaillent; *les seconds*, leurs propriétaires.

Le tableau (N°. 2) donne au gouvernement 616,001,088 fr. par année, et fait payer par le contribuable le dixième de son revenu, dont le *minimum* est de 120 fr., et le *maximum* de 69,600, donnant également 652 primes graduées depuis 300 jusqu'à 30,000, et produisant ensemble 445,700 fr. par mois et par département.

Il est facile d'appercevoir, d'après ces deux données différentes, combien, par la mobilité de ce mécanisme, il est aisé de rendre cette contribution favorable aux besoins du gouvernement, sans secousses sensibles ni dangereuses.

Signé, IMBERT, FÉRA.

EXTRAIT du procès-verbal des séances du Conseil des Cinq-Cents.

Du 28 ventôse, l'an sixième de la République française, une et indivisible.

LES citoyens Imbert et Féra, domiciliés à Paris, rue du fauxbourg Montmartre, n°. 18, font hommage au Corps législatif d'un ouvrage relatif à un système de contribution, qui leur a paru réunir le double avantage de pourvoir amplement aux besoins du gouvernement, et d'assurer, par un moyen simple et neuf, la rentrée des deniers au trésor public.

Le Conseil accepte l'hommage, arrête qu'il en sera fait mention au procès-verbal; ordonne l'impression de l'ouvrage et le renvoie à la commission des finances.

Collationné à l'original, par nous président et secrétaires du Conseil des Cinq-Cents.

A Paris, le 2 germinal, an 6 de la République française, une et indivisible.

Signé, PISON-DUGALLAND, *président*; DUCHESNE, GARNIER (de Saintes), BOULLÉ (du Morbihan), *secrétaires*.

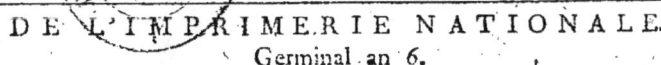

DE L'IMPRIMERIE NATIONALE.
Germinal an 6.

N° I.

CONTRIBUTION FACULTATIVE ET INDUSTRIELLE.

RÉPARTITION

De ladite contribution pour un mois et pour un département présumé de 65,200 contribuables.

CLASSES.	DIVISIONS de la population.	NOMBRE de contribuables.	SUPPOSITION de chaque classe.	CONTRIBUTION de chacun par mois.	PRODUITS	TOTAUX.	MONTANT du revenu annuel présumé de chacun.
Première..	...	510	16	1,200ᶠ	19,200ᶠ		144,000ᶠ
			70..	800	56,000		96,000
			100	600	60,000		72,000
			100	500	50,000		60,000
			114	450	45,000	277,800ᶠ	54,000
			120	400	49,600		48,000
			90	350	31,500		42,000
Deuxième..	...	507	60	300	45,000		36,000
			80	280	16,800		33,600
			100	250	30,000	157,260	30,000
			77	220	5,940		26,400
			100	105,000			25,200
Troisième..	...	1,220	210	200	42,000		24,000
			120	150	18,000	196,000	18,000
			160	110	17,600		13,200
			110	100	11,000		12,000
Quatrième..	...	2,038	300	90	27,540		10,800
			635	85	63,500	199,800	10,200
			346	75	25,950		9,000
			307	70	21,490		8,400
			1,000	66	66,000		7,920
Cinquième..	...	4,075	500	60	30,000		7,200
			500	36	18,000	208,350	4,320
			575	24	13,800		2,880
			1,500	18	12,000		2,160
Sixième..	...	6,150	1,500	15	13,500		1,920
			1,500	9	13,500	101,500	1,080
			500	7	3,500		840
			2,050	4	8,200		600
Septième..	...	16,500	7,200	3	19,200	54,800	480
			6,400	2	4,000		240
Huitième..	...	32,600	32,600	1	32,600	32,600	120

TOTAL du produit 1,230,3,10ᶠ

RÉCAPITULATION

De l'emploi des fonds provenant de la contribution de quatre-vingt-douze départemens.

	POUR UN AN.
POUR UN MOIS.	
60,000,000ᶠ Service fait au gouvernement	720,000,000ᶠ
5,659,426 Retenue de cinq pour cent pour chaque département pour ses dépenses locales	67,913,112
92,000 Paiement fait chaque mois par les départements pour frais de la régie générale	1,104,000
46,000,000 Cinq cent mille livres de primes par chaque département.	555,000,000
1,437,094 Non-valeurs présumées	17,245,128
113,188,520ᶠ	1,358,262,240ᶠ

Système de contribution facultative et industrielle.

EMPLOI

Des fonds provenant de ladite contribution par mois, pour un seul département.

A payer au gouvernement, sous le mois, par chaque département.	652,173ᶠ 18ˢ 3ᵈ
Cinq pour cent à retenir pour les dépenses départementales	61,515 10 "
A payer à la régie générale pour ses dépenses	1,000 " "
Primes pour chaque département	500,000 " "
Non-valeurs	15,620 11 9

TOTAL de l'emploi . . . . . 1,230,310ᶠ " "

RÉSULTAT GÉNÉRAL.

Le total de la contribution, suivant la répartition ci-contre, passé être (pour 5,098,400 contribuables) de la somme de 1,358,262,240ᶠ

Cette somme, au premier aperçu, pendra considérable; mais outre qu'elle sera perçue par douzièmes, il est à observer qu'il reste dans les mains des contribuables,

SAVOIR:

Pour la retenue des cinq pour cent	67,913,112	
Pour les 719,808 primes par an	555,000,000	637,158,240
Pour les non-valeurs présumées	17,245,128	

Il ne reste donc réellement payé par par les départemens que 721,104,000ᶠ

CONTRIBUTION FACULTATIVE ET INDUSTRIELLE.

RÉPARTITION
De ladite contribution pour un mois et pour un département présumé de 65,200 contribuables.

CLASSES.	CONTRIBUABLES de chaque classe.	CONTRIBUTION de chaque par mois.	NOMBRE des subdivisions de chaque classe.	TERME MOYEN de la contribution.	PRODUIT.
Première...	100	de...450ᶠ à...530ᶠ	...10...	510ᶠ » ſ	...51,000ᶠ
Deuxième...	200	de...410 à...450	...5...	430 » »	...86,000
Troisième...	200	de...310 à...400	...10...	325 » »	...65,000
Quatrième...	340	de...240 à...300	...4...	270 » »	...91,800
Cinquième...	290	de...190 à...230	...5...	265 10 »	...76,650
Sixième...	350	de...110 à...190	...9...	140 » »	...49,000
Septième...	500	de...71 à...95	...25...	83 » »	...41,500
Huitième...	900	de...55 à...70	...10...	61 » »	...54,900
Neuvième...	1,200	de...» à...50	...» ...	50 » »	...60,000
Dixième...	1,700	de...38 à...48	...11...	43 » »	...73,100
Onzième...	2,000	de...32 à...37	...6...	34 10 »	...69,000
Douzième...	2,500	de...27 à...31	...5...	29 » »	...72,500
Treizième...	2,500	de...22 à...26	...5...	24 » »	...60,000
Quatorzième...	3,000	de...17 à...21	...3...	19 » »	...57,000
Quinzième...	3,000	de...11 à...16	...6...	14 » »	...42,000
Seizième...	4,000	de...6 à...10	...5...	8 » »	...32,000
Dix-septième...	5,000	de...4 à...5	...2...	4 10 »	...22,500
Dix-huitième...	7,116	de...» à...3	...3...	3 » »	...21,348
Dix-neuvième...	14,000	de...» à...»	...» ...	2 » »	...28,000
Vingtième...	16,504	de...» à...1	...1...	1 » »	...16,504

65,200 contribuables donneront par mois, par département 1,069,600ᶠ

RÉCAPITULATION
De l'emploi des fonds provenant de la contribution de quatre-vingt-douze départemens.

POUR UN MOIS.		POUR UN AN.
51,333,424ᶠ	Service fait au gouvernement	616,001,088ᶠ
41,004,400	Primes	492,052,800
4,920,160	Cinq pour cent pour les dépenses départementales	59,041,920
97,000	Pour les dépenses de la régie générale	1,164,000
1,053,216	Non-valeurs	12,638,592
98,407,200ᶠ		1,180,838,400ᶠ

Système de contribution facultative et industrielle.

EMPLOI
Des fonds provenant de ladite contribution par mois, pour un seul département.

A payer au gouvernement, tous les mois, par chaque département... 557,977ᶠ
Primes............................. 445,700
Cinq pour cent pour les dépenses départementales 53,480
A payer à la régie générale pour ses dépenses 1,000
Non-valeurs 11,448
                      1,069,600ᶠ

DIVISION DES 65ᵉ PRIMES.

314 à	300ᶠ	94,200ᶠ
170 à	500	85,000
55 à	800	44,000
40 à	1,000	40,000
35 à	1,500	52,500
35 à	2,000	70,000
5 à	2,000	10,000
5 à	4,000	20,000
5 à	6,000	30,000

65 primes.   445,700ᶠ

RÉSULTAT GÉNÉRAL.

Le total de la contribution, suivant la répartition ci-contre, paraît être (pour 5,998,400 contribuables) de la somme de 1,180,838,400ᶠ
Cette somme, au premier aperçu, paraîtra exorbitante; mais outre qu'elle ne sera perçue par douzième, il est à observer qu'il rentre dans les départemens, et qu'il reste dans les mains des contribuables,

SAVOIR:

Pour la retenue des cinq pour cent 59,041,920ᶠ
Pour les 719,808 primes par an 492,052,800   563,733,312
Pour les non-valeurs présumées 12,638,592

Il ne reste donc réellement payé par les départemens que   617,105,088ᶠ

www.ingramcontent.com/pod-product-compliance
Lightning Source LLC
Chambersburg PA
CBHW070533050426
42451CB00013B/2989